Pe. JOAQUIM PARRON, C.Ss.R.

CONFISSÃO EM SANTO AFONSO

EDITORA
SANTUÁRIO

**Dados Internacionais de Catalogação na Publicação (CIP)
de acordo com ISBD**

C348 Confissão em Santo Afonso / organizado por Joaquim Parron. -Aparecida : Editora Santuário, 2024.
104 p. ; 10,5cm x 14,5cm.

ISBN: 978-65-5527-427-1

1. Religião. 2. Cristianismo. 3. Santo. 4. Igreja. 5. Textos. 6. Confissão. I. Parron, Joaquim. II. Título

2024-1392 CDD 240
CDU 24

Elaborado por Vagner Rodolfo da Silva - CRB-8/9410

Índice para catálogo sistemático:
1. Religião : Cristianismo 240
2. Religião : Cristianismo 24

2ª impressão

Rua Pe. Claro Monteiro, 342 – 12570-045 – Aparecida-SP
Tel.: 12 3104-2000 – Televendas: 0800 016 00 04
www.editorasantuario.com.br
vendas@editorasantuario.com.br

SUMÁRIO

A Confissão em Santo Afonso 5
Introdução 11
1. A Moral e a confissão 17
2. A Moral da Copiosa Redenção
de Santo Afonso 29
3. O sacramento da Penitência
em Santo Afonso 36
4. Papel do confessor 48
5. A confissão como fonte
de misericórdia 72
6. A oração como meio de salvação 78
7. Ensino do Magistério atual acerca
da Confissão 86
Considerações finais 91
Referências bibliográficas 95
Confissões 99

A CONFISSÃO EM SANTO AFONSO

Sacramento da misericórdia e da paz

Muito me alegra poder estar aqui na primeira página para apresentar o livro do Pe. Joaquim Parron, C.Ss.R. Há pouco tempo ele assumiu a reitoria do Santuário Nossa Senhora do Perpétuo Socorro, aqui em Curitiba. Já nos primeiros dias de ministério, nesse centro de peregrinação, Pe. Parron atinou para a urgência de resgatar o potencial evangelizador desse centro religioso. É um lugar de intensa devoção mariana; há muitas novenas; é um lugar de forte religiosidade.

Entretanto o caminho de discipulado requer um percurso de conversão. Vai para além de expressões religiosas. Há de empenhar todas as dimensões da existência: as relações com Deus, com os outros; os valores e comportamentos; a mentalidade e as mentes; os afetos e amores; os grandes sonhos e até os pequenos anseios. Enfim, tudo passa por uma séria revisão e redirecionamento. Muito mais do que religiosidade orientada a pedir alguma graça que nos urge, a conversão integra a inteireza da vida. É colocar Jesus Cristo no centro de tudo, absolutamente tudo.

É nesse horizonte, o da conversão, que se situa o sacramento da Reconciliação. Aliás, a compaixão de Deus, revelada em Jesus Cristo, surpreendeu os interlocutores de seu tempo. Muitos não compreenderam que Deus fosse tão compassivo. Mas quem aceitava o gesto misericordioso, juntamente com a alegria pelo perdão recebido, era convidado a um novo modo de viver (Lc 19,1-10). Era a conversão em movimento. É isso que se vislumbra nestas páginas. O amigo, Pe. Joaquim Parron, discípulo de Santo Afonso de Ligório, pretende ajudar seu leitor a cultivar a alegria do perdão recebido, associando tal experiência a um novo sentido para a vida. Não se trata, pois, de mera religiosidade. É um dinamismo de fé que realimenta a vocação ao discipulado.

O livro foi escrito com simplicidade. Não pretende suscitar debates teológicos. Mas quer proporcionar a reflexão humilde sobre a grandeza do amor de Deus, como fez Santo Afonso, lá pelos idos de 1760, na cidade de Nápoles. Ainda muito jovem, era já um brilhante advogado. Mas, sabiamente inquieto, encaminhou-se para a vida ministerial e se tornou o padroeiro dos Confessores. Muito o perturbava o demasiado rigor moral. Isso atemorizava os penitentes. Afastava-os da confissão e da misericórdia de Deus. Mas combatia também a frouxidão espiritual, que esvaziava a consciência de pecado. Em nossos dias a mesma problemática se impõe.

Hoje, o Sacramento da Reconciliação parece ter perdido muito de seu "prestígio", justamente em um tempo em que mais os homens e as mulheres precisam de reconciliação consigo e com Deus. De fato, parece muito desconfortável falar a outro (ao padre) sobre os próprios tropeços e misérias interiores. Pareceria humilhante. Mas, sem humildade, será muito difícil alguém reconhecer que necessita do perdão. Se ela faltar, a Deus pediremos grandezas e triunfos, mas não necessariamente o perdão.

Toda essa linha de pensamento está muito presente no pensamento de Santo

Afonso. E Pe. Parron é cuidadoso em enfatizar. O leitor vai encontrar belas reflexões do Santo confessor sobre as melhores atitudes dos confessores, sobre as melhores expressões da sincera penitência, sobre as disposições pessoais para "confessar-se bem", sobre o sentido de salvação presente no sacramento, sobre o lugar da oração na vida de quem quer viver sob os olhares graciosos de Deus misericordioso... Tudo para que a fraqueza do pecador nunca seja óbice ao amor do Pai.

Termino estas linhas com uma palavra de gratidão ao autor. No Santuário a ele confiado há muitas confissões. A acomodação poderia lhe sugerir que estaria bom no modo como está. Afinal, muitos estariam a procurar o sacramento. Mas ele percebeu logo que um santuário é um centro de evangelização.

Isso é muito mais do que um espaço de religiosidade. Muito obrigado, padre, por ter percebido e por buscar responder ao Senhor e ao povo que a Ele pertence.

Dom José Antonio Peruzzo
Arcebispo Metropolitano de Curitiba

INTRODUÇÃO

O sacramento da Penitência é fonte de paz e perdão na perspectiva da misericórdia bíblica, pois o próprio Jesus Cristo deixou aos apóstolos o mandato da reconciliação com Deus e com a comunidade cristã. Jesus disse aos apóstolos: "Aqueles a quem perdoardes os pecados ser-lhes-ão perdoados..." (Jo 20,23). O pecado sempre é fonte de destruição, pois "o salário do pecado é a morte" (Rm 6,23). Por sua vez, o sacramento da Penitência traz uma vida nova aos penitentes, gerando em seu coração a paz e o amor.

Nisso, Santo Afonso Maria de Ligório (1696-1787), fundador dos Redentoristas e patrono dos confessores, traz uma abordagem na linha da graça santificante desse sacramento. O fundador dos Redentoristas, com seu ensino, reavivou esse sacramento, pois em seu período, em vários lugares da Europa, os católicos haviam se afastado da confissão sacramental. Diante do rigorismo moral, Santo Afonso ensina a moral da misericórdia divina.

Por isso a teologia, na perspectiva de Santo Afonso de Ligório, ensina: "... Nada mais importante que levar ao povo a alegria do Senhor".[1] Essa alegria do Ressuscitado é manifestada no sacramento do perdão. E nosso santo ainda dá um conselho aos padres: "Quem, como padre, não aprecia o confessionário, não tem amor às almas. É aqui justamente onde o sangue de Jesus é derramado ao pecador".[2] Pela reconciliação sacramental

---

[1] HÄRING, Bernard. *Shalom Paz:* o sacramento da reconciliação. São Paulo: Paulinas, 1970, p. 25.
[2] LEITGOB, Martin. *Afonso de Ligório:* mestre da oração e da misericórdia. Aparecida: Santuário, 2014, p. 98.

é derramada a graça do Espírito Santo na vida do penitente.

No século XVIII, período histórico de Santo Afonso, o rigorismo moral e a pregação do inferno faziam parte da pastoral na maioria das dioceses na Europa. "Contra a teoria teológica dominante que via o papel do confessor sobretudo como de um juiz, Santo Afonso, plenamente despertado para a situação, apontava como primeiro papel o de tornar visível o amor misericordioso do Pai Celeste, tal como Cristo fez."[3] Nosso santo doutor vai dar uma outra perspectiva moral e uma nova abordagem à confissão.

Nisso é importante ressaltar como Santo Afonso vai impostar sua perspectiva teológica-pastoral. "O confessionário nunca ficou

[3] HÄERING, Bernhard. *Livres e fiéis em Cristo:* teologia moral para sacerdotes e leigos. São Paulo: Paulinas, 1979, p. 54.

destinado para servir de sombria sala de tribunal do puro legalismo."[4] O sacramento, como sinal visível da graça de Deus, não pode ser um instrumento de tortura e ansiedade às pessoas que buscam Deus.

Por isso que nosso santo afirma, em sua *Praxis Confessarii*, a importância de o confessor ser um acolhedor desde a misericórdia divina: "Quando um penitente chega indisposto, o confessor é obrigado, na medida do possível, a prepará-lo para a absolvição".[5] Nessa preparação deve-se mostrar o amor salvador de Deus para com a humanidade.

A confissão assume uma nova perspectiva com Santo Afonso de Ligório (1696-1787): "Foi através do liguorismo que se deu uma

---

[4] HARING, Bernard. *Shalom Paz:* o sacramento da reconciliação. São Paulo: Paulinas, 1970, p. 47.

[5] ALPHONSUS, Liguori. *Guide for confessors.* New York: Lulu, 1978, p. 14.

revolução copernicana na ordem sacramental. 'A confissão é para o homem (para o Cristão) e não o homem (o cristão) para a confissão".[6] Na busca da virtude moral, Santo Afonso não está nem do lado do laxismo nem do lado do rigorismo, mas busca uma justa medida a partir da misericórdia divina.

Na atualidade muitos valorizam o atendimento personalizado, pois as pessoas sentem a necessidade de serem ouvidas. Nisso a confissão sacramental, além de oferecer a graça santificante, é um meio para ajudar as pessoas no crescimento humano espiritual. Não há nada mais belo que ouvir as pessoas e oferecer a misericórdia de Deus pelo sacramento da Penitência.

---

[6] VIDAL, Marciano. *Afonso de Ligório:* o triunfo da benignidade frente ao rigorismo, Vol. 3, A moral afonsiada. Aparecida: Santuário, 2022, p. 426.

1.
A Moral e a confissão

A teologia moral no período de Santo Afonso de Ligório (1696-1787) estava basicamente a serviço do sacramento da Reconciliação, no entanto, muitas vezes, na perspectiva do rigorismo moral. Por isso, pouco a pouco, o sacramento da Confissão passa a ser um "tribunal" pelo qual o penitente tem de passar e não um sinal da misericórdia de Deus. Isso levou muitas pessoas a se afastarem desse sacramento.

No Evangelho de São João, encontramos a revelação do amor de Deus pela humanidade: "Pois Deus amou tanto o mundo... Pois Deus não enviou seu Filho ao mundo para julgar o mundo, mas para que o mundo seja salvo por ele" (Jo 3,16-17). Temos aqui a revelação do amor infinito de Deus para com a humanidade. No mesmo Evangelho, temos a instituição do Sacramento da Reconciliação: "Recebei o Espírito Santo. Aqueles a quem perdoardes os pecados ser-lhes-ão perdoados" (Jo 20,23). O perdão misericordioso de Deus (Lc 15,11-31) é a chave para entender o sacramento do perdão dos pecados.

Além do amor gratuito de Deus, a pessoa também tem de cooperar com a graça salvadora. Por isso o próprio Jesus alerta sobre a necessidade de um esforço humano na cooperação com a graça da salvação. "Entrai pela porta estreita, porque largo e espaçoso é o caminho que conduz à perdição... Estreita, porém, é a porta e apertado o caminho que conduz à vida" (Mt 7,13-14). A teologia moral ajuda as pessoas a compreenderem o amor divino e, ao mesmo tempo, abrirem-se a essa graça divina em seu dia a dia.

No decorrer da história cristã, a Igreja desenvolve sinais visíveis para manifestar o perdão aos pecadores. Surgem, primeiramente, *os Livros penitenciais* que elencam as penitências correspondentes a cada pecado e, mais tarde, *as Sumas para confessores*, que oferecem uma base teológica e também as devidas penitências que o cristão tem de cumprir como contrição pelos pecados cometidos.

Assim, a confissão auricular e o perdão sacramental tornam-se uma prática comum na Igreja. "Em 1215, o Concílio Geral de Latrão IV impôs a todos os fiéis confessar seus pecados a seu pároco, ao menos uma vez por ano... É verdade que Latrão IV não faz do confessor um juiz, mas um médico para cuidar das pessoas."[1] Destaca-se, nessa deci-

[1] REY-MERMET, Théodule. *A moral de Santo Afonso*. Aparecida: Santuário, 1991, p. 20.

são conciliar, o sacramento da Reconciliação como "um remédio" ao penitente que busca o perdão, e o confessor assume o ofício de "médico". Assim afirma Latrão IV:

> Que o confessor seja judicioso e prudente para saber, como bom médico, derramar o vinho e o óleo (Lc 10,34) nas chagas do ferido; que indague com cuidado a situação do pecador e as circunstâncias do pecado, que o farão perceber prudentemente o conselho que deve dar e, entre os diversos meios para curar o doente, o remédio que deve empregar.[2]

---

[2] DENZINGER-SCHONMETZER, s.j. *Enchiridion symbolorum, definitionum et declarationum de rebus fidei et morum*, ed. XXXIV, Herder, 1967, p. 812-813.

No período da Contrarreforma (Concílio de Trento, 1545-1563), a Igreja assume novas perspectivas na reorganização dos sacramentos e para confessar o penitente tem de dizer a quantidade de pecado, a espécie e as circunstâncias. "De medicina, a audição das confissões tornou-se um 'ato judiciário', no qual a interrogação medicinal do confessor (Latrão IV) foi substituída por um requisitório detalhado que era obrigação do pecador – inventariar 'todos os seus pecados mortais'."[3] Esse sacramento assume contornos canônicos e, por vezes, esvaziou-se da dimensão da graça e supervalorizou os aspectos judiciais.

No período pós-Concílio de Trento, surgem linhas morais por demais rigoristas. Por exemplo, o teólogo e bispo Cornélio Janse

---

[3] REY-MERMET, Théodule. *A moral de Santo Afonso*. Aparecida: Santuário, 1991, p. 21.

(1585-1638) publicou a obra "Augustinus", deturpando a teologia da graça de Santo Agostinho (354-430) e semeando a linha rigorista para toda a Europa. "A obra versava sobre a doutrina da graça de Santo Agostinho. Este professor douto e triste, falecido nesse meio como bispo de Ypres, vivia perseguido pela angústia da salvação e pela ideia de um Deus temível e despótico."[4] Conhecida como "moral jansenista", de linha profundamente rigorista, torna-se referência em teologia moral, nos séculos XVII e XVIII, com a qual Santo Afonso vai se confrontar.

A teologia jansenista, que primava pelo rigor moral, assustava as pessoas e criava um clima de desespero diante da salvação. "Com sua teologia de um Deus arbitrário e

---

[4] REY-MERMET, Théodule. *A moral de Santo Afonso*. Aparecida: Santuário, 1991, p. 21.

avaro do Céu, o jansenismo só podia instilar a ansiedade nas almas nobres, a obsessão pela lei divina, a exigência de uma pureza evangélica, o afastamento dos 'temíveis' sacramentos; em uma palavra: o rigorismo moral e pastoral."[5] O rigorismo moral levava as pessoas à desesperança e ao medo de Deus, pois sentiam-se condenadas e não salvas diante do divino.

Santo Afonso nasceu em 1696, em um ambiente rigorista, que era a linha do jansenismo. "No século em que nasce Afonso, o clima teológico e pastoral é marcado pela forte presença dos jansenistas, de modo que a vida cristã se orientava em uma direção nitidamente rigorista."[6] O próprio Santo Afonso vai

---

[5] REY-MERMET, Théodule. *A moral de Santo Afonso*. Aparecida: Santuário, 1991, p. 22.

[6] FIGUEIREDO, Luiz Henrique Brandão. *Acompanhar, discernir e integrar:* Santo Afonso de Ligório e o ministério do confessor. São Paulo: Cultor de livros, 2019, p. 22.

ter uma formação moral rigorista, inclusive assumiu comportamentos escrupulosos em sua juventude.

Nosso santo doutor deixou os tribunais, ele era um exímio advogado civil e canônico, e ingressou no seminário para ser padre. Seis meses antes da ordenação presbiteral de Santo Afonso, 1726, o Sínodo Arquidiocesano de Nápoles, sua cidade natal, determinou que os confessores deveriam restringirem a absolvição sacramental na Reconciliação e postergá-la. Assim afirma esse sínodo: "Exortamos e conjuramos todos os confessores no Senhor: não vos exponhais, vós mesmas, à condenação eterna, sendo apressados e prontos demais para conceder a absolvição. Os padres devem negar a absolvição àqueles que habitualmente recaem no pecado ou vivem na ocasão próxima de pecado".[7] Essa decisão da Arquidiocese de Nápoles fortalece a visão moral jansenista.

A perspectiva de um "deus punitivo e temível" levou as pessoas a abandonarem a vida sacramental, afastando-se da Reconciliação e Eucaristia. Os católicos passaram, nos séculos XVII e XVIII, a evitar o confessionário devido ao medo do "tribunal" da Penitência. "A rarefação da confissão entre as pessoas devotas... desinteresse geral pelo sacramento da penitência, restrição da frequência a este sacramento, relegando somente os últimos momentos da vida."[8] As pessoas mais simples e pobres se afastaram

---

[7] LEITGOB, Martin. *Afonso de Ligório:* mestre da oração e da misericórdia. Aparecida: Santuário, 2014, 96.

[8] FIGUEIREDO, Luiz Henrique Brandão. *Acompanhar, discernir e integrar:* Santo Afonso de Ligório e o ministério do confessor. São Paulo: Cultor de livros, 2019, p. 23.

dos sacramentos e ficaram marginalizadas da vida da Igreja.

Santo Afonso, com sua teologia moral, apresenta um Deus amoroso e favorece a pastoral da benignidade. Mas isso gerou entre os rigoristas suspeitas de que ele fosse um laxista na moral:

> A teologia de Santo Afonso despertava suspeitas entre os contemporâneos. Conforme alguns, ele parecia estar dando ao penitente permissão para continuar pecando. A verdade, porém, era que Santo Afonso entendia que de certos penitentes, que desejavam retornar a Deus, não podiam esperar que corressem antes de poderem andar.[9]

---

[9] HÄRING, Bernard. *Shalom Paz:* o sacramento da reconciliação. São Paulo: Paulinas, 1970, p. 67.

Diante da situação do rigorismo moral, Santo Afonso "optou por estar do lado dos abandonados, daqueles que a própria Igreja condena à marginalização, advogando com toda a sua força e em todos os níveis em favor de sua causa, para dignidade e plenitude da vida cristã".[10] Para nosso santo a graça é maior que o pecado, por isso deve-se ressaltar a graça santificante dos sacramentos e não a condenação.

No entanto, Santo Afonso também combate o laxismo moral, que no século XVII teve o teólogo espanhol Juan Caramuel (1606-1682) como principal representante, que provocou danos à consciência das pessoas. Juan Caramuel pregava a liberdade excessiva diante da lei produzindo uma moral laxista: "Os excessos do laxismo suscitaram, desde 1640,

---

[10] MAJORANDO, Sabatino. "La teologia morale e il ministero sacerdotale nella visione alfonsiana", *Studia moralia* 34/2 (1996), p. 438.

uma reação vigorosa, saudável em princípio, mas cega".[11] O próprio Santo Afonso faz críticas diretas ao principal representante do laxismo moral. "Caramuel é um dos casuístas mais representativos do século XVII, e sobretudo um dos laxistas mais notáveis de todos os tempos. Santo Afonso chama-o de 'príncipe dos laxistas'."[12] Nosso santo doutor, com sua prudência e sabedoria, propõe um equilíbrio entre o rigorismo e laxismo moral, que será denominado como equiprobabilismo.

---

[11] REY-MERMET, Théodule. *A moral de Santo Afonso*. Aparecida: Santuário, 1991, p. 21.

[12] VIDAL, Marciano. *Moral do amor e da sexualidade*. São Paulo: Paulinas 1978, p. 104.

2.
A Moral da Copiosa Redenção de Santo Afonso

O interesse de Santo Afonso com a teologia moral e com o sacramento da reconciliação era levar as pessoas a amarem o Senhor Jesus. Inclusive, uma das obras mais importantes de nosso santo doutor é *A prática do amor a Jesus Cristo*, publicada em 1768, quando Santo Afonso tinha 72 anos de idade. Nesse tratado, Afonso aborda a consciência de um ponto de vista eminentemente cristão.[1] Como afirma o teólogo e historiador Joseph Opptiz, essa obra é a sín-

[1] HÄRING, Bernhard. *Santo Afonso de Ligório, advogado defensor da consciência*. Aparecida: Santuário Aparecida, 1992. (Coleção Espiritualidade Redentorista, n. 4), p. 50.

tese do pensamento moral de Santo Afonso.[2] A obra *A prática do amor a Jesus Cristo* teve tanta repercussão nos meios teológicos que foi traduzida para mais de 70 línguas e já teve milhares de edições.

Santo Afonso traz uma abordagem na linha do "chamado universal à salvação", por meio do amor de Deus, em oposição à pregação vigente de seu período histórico, que era o jansenismo rigorista, o qual ensinava que poucos seriam salvos. Para Afonso, "Deus ama todos os homens e quer salvar todos através da vida no amor".[3] A apresentação de uma imagem amorosa de Deus vai estar presente em suas obras, de modo especial na *A prática do amor a Jesus Cristo*.

---

[2] OPPITZ, Joseph William. *História e espiritualidade afonsiana*. Aparecida: Santuário Aparecida, 1978, p. 154.

[3] BAZIELICH, Antoni. *A espiritualidade de Santo Afonso de Ligório*: estudos histórico-teológicos. Aparecida: Santuário Aparecida, 1991 (Coleção Espiritualidade Redentorista, n. 1), p. 111.

Tendo em vista uma melhor compreensão da imagem de Deus em Santo Afonso, o trabalho de Afonso também descreve a imagem distorcida de Deus que era comum no século XVIII. "Coube a Afonso de Ligório (1696-1787) combater o rigorismo dos jansenistas: com ele afirmou-se o princípio da vocação universal à santidade."[4] A compreensão do contexto histórico-teológico ajuda para o entendimento da imagem de Deus que se ensinava nesse período e, em segundo momento, a resposta afonsiana à teologia rigorista daquela época.

O cristão, em Santo Afonso, é chamado primordialmente a responder com amor ao amor de Deus. É nesse contexto que insere o sacramento da Penitência. "O interes-

---

[4] MONDONI, Danilo. *História e teologia da espiritualidade*. São Paulo: Loyola, 2014, p. 78.

se fundamental de Afonso de Ligório com respeito à confissão era querer levar as pessoas para um novo relacionamento com Jesus Cristo. Quem recebia a absolvição, devia amar a Jesus mais do que antes."[5] A confissão não é mero rito ou um tribunal de julgamento, mas sim fonte da misericórdia de Deus ao pecador.

Por outro lado, estavam os rigoristas, que repetiam o papel dos fariseus, tão combatido por Jesus nos Evangelhos. "Diante da misericórdia daquele que 'veio, não para os justos, mas para os pecadores', fariseus surgem periodicamente na Igreja."[6]

Por isso Santo Afonso rejeita o rigorismo moral, que era moda em seu tempo, mas sem cair no laxismo. "Santo Afonso combateu

---

[5] LEITGOB, p. 97.

[6] REY-MERMET, Théodule. *A moral de Santo Afonso*. Aparecida: Santuário, 1991, p. 86.

esse rigorismo e conservou-se em uma posição mitigada e comedida, que se chamou equiprobabilismo, sem se importar com a orientação vigente na Itália e em vastas regiões da Europa."[7] Nisso temos o patrono dos confessores na contracorrente de teologia vigente em seu tempo.

Embora a corrente do rigorismo moral fosse, no século XVIII, conhecida como "probabiliorismo", ou seja, segue a linha moral mais "rigorosa", havia também a linha "probabilista", que seguia a linha mais provável na perspectiva da liberdade. Santo Afonso buscou um equilíbrio entre essas duas linhas morais e edificou o sistema moral "equiprobabilista".

[7] HÄRING, Bernard. *Shalom Paz:* o sacramento da reconciliação. São Paulo: Paulinas, 1970, p. 65-66.

> Assim o equiprobabilismo de Afonso distingue três primados que, longe de se fazerem concorrência, se equilibram e se apoiam mutuamente: primado da verdade, isto é, finalmente, de Deus; primado da consciência moral, segundo a qual cada um será julgado; primado da liberdade, isto é, do homem. Em suma, diante da dignidade infinita das pessoas divinas, a eminente dignidade da pessoa humana.[8]

A abordagem afonsiana é totalmente baseada no amor divino, que se entregou para nos redimir. "Nele se encontra a copiosa redenção" (Sl 125). "Lendo Afonso, nunca devemos perder de vista a ideia de Redenção

[8] REY-MERMET, Théodule. *A moral de Santo Afonso*. Aparecida: Santuário, 1991, p. 66.

como mistério de amor que, como tal, atrai nosso amor."[9] A Redenção é fruto do amor de Deus para com a humanidade.

---

[9] MANDERS, Henrique CSsR. *O amor na espiritualidade de Santo Afonso*. Aparecida: Santuário, 1990, p. 89.

3.
O sacramento da Penitência em Santo Afonso[1]

O papa Pio XII, em 1950, declarou Santo Afonso de Ligório como Patrono dos Con-

---

[1] Podemos pensar que o ensino moral de Santo Afonso foi aceito na maior calmaria. No entanto, sabemos que Santo Afonso sofreu forte resistência de vários teólogos rigoristas de sua época. Marciano Vidal transcreve em seu livro um texto de 1758, escrito pelo Jesuíta Zaccaria no volume 12 de sua *Storia Letteraria d'Italia*, em que confronta o ensino do rigorista moral Concina com a moral de Santo Afonso quanto o sacramento da Confissão. "A prática do Pe. Liguori respira unção divina, toda caridade, doçura e moderação, a Instrução (de Concina) respira furor, toda exaltação, ferocidade, fanatismo. No primeiro (Afonso), vemos o homem sábio que busca a salvação das almas; no segundo (Concina) um escritor violento que aprofunda os fiéis no desespero. A primeira, com método fácil e doutrina justa, procede para facilitar o caminho da penitência; a segunda é uma confusão de opiniões tresloucadas com as quais ele torna a Confissão sacramental odiosa. Bendito seja este religioso culto e piedoso (Afonso)." In VIDAL, Marciano. *Afonso de Ligório:* o triunfo da benignidade frente ao rigorismo, Vol. 3, A moral afonsiana. Aparecida: Santuário, 2022, p. 422.

fessores e Moralistas, ressaltando que sua teologia moral e seus ensinos acerca do sacramento da Penitência têm uma validade permanente e primordial para todos os tempos na Igreja católica. Se em 1871 o então papa Pio IX havia elevado nosso santo a Doutor da Igreja, agora é declarado como patrono tanto da moral como dos confessores. Isso posto, o ensino de Santo Afonso na área da Confissão torna-se uma referência à Igreja.

Recordamos que tanto a moral como a Confissão eram dominadas pelas correntes rigoristas, que afastavam as pessoas dos sacramentos e da graça de Deus. "A influência histórica do pensamento de Afonso de Liguori sobre a prática da confissão foi enorme. Em grande medida, a confissão, sequestrada pelo rigorismo jansenista, voltou à normalização pastoral, quando a moral católica passou por um processo de 'liguorização'."[2] O ensino de Santo Afonso de Ligório permeia o sacramento da Penitência com o ensino misericordioso de Jesus Cristo: "Eu não vim para julgar o mundo, mas para salvar o mundo" (Jo 12,47). Claro que a salvação em Cristo também exige uma conversão do pecador e a busca da graça divina.

Se a prática nos confessionários, no tempo de Santo Afonso, era o rigorismo, e muitas vezes expulsava não apenas o "pecado", mas também o "pecador"; nosso santo doutor tem uma nova abordagem. "Como o Cristo, Afonso não identifica o pecador com o pecado. O pecado é o mal absoluto; o pecador é fundamentalmente bom. No Evangelho, Jesus mostra-se sem indulgência com o pecado – 'vai e não tornes a pecar' –, mas é todo miseri-

---

[2] VIDAL, Marciano. *Afonso de Ligório:* o triunfo da benignidade frente ao rigorismo, Vol. 3, A moral afonsiana. Aparecida: Santuário, 2022, p. 427.

cordioso para com o pecador."[3] A abordagem da misericórdia no confessionário vai trazer uma nova perspectiva a esse sacramento.

Por isso que alguns teólogos veem no fundador dos Redentoristas uma mudança de paradigma quanto ao sacramento da Reconciliação. "Afonso realizou uma 'revolução copernicana' na prática do sacramento da Penitência. A benignidade que ele defende em sua moral está toda voltada para a prática da Penitência, que deve ser contemplada a partir da perspectiva do sujeito penitente."[4] Aqui a "lei maior" não é a punição, mas o amor misericordioso.

---

[3] REY-MERMET, Théodule. *A moral de Santo Afonso.* Aparecida: Santuário, 1991, p. 83.

[4] VIDAL, Marciano. *Afonso de Ligório:* o triunfo da benignidade frente ao rigorismo, Vol. 3, A moral afonsiana. Aparecida: Santuário, 2022, p. 426-427.

A liberdade humana, que é um aspecto fundamental na moral católica,[5] é fundamentada na moral afonsiana. "Santo Afonso de Liguori, com clareza e força invencíveis, fez da lei a aliada da liberdade humana, e não sua acusadora."[6] A liberdade, com responsabilidade, ajuda o pecador em seu exame de consciência e na busca da misericórdia divina.

A teologia, que emerge do Evangelho, não é da condenação ou da expulsão do pecador, mas sim de sua salvação. "Não se vê o Cristo expulsar a ovelha sarnenta, mas, ao contrário, trazer nos ombros a ovelha desgarrada. (Afonso) a seu exemplo combateu sobretudo o adiamento da absolvição, que era regra

---

[5] Cf. PAULO VI, Papa. *Gaudium et spes*, n. 17.

[6] AMARANTE, Alfonso. *Alfonso de Liguori: una vita per l'abbondante redenzine di Cristo*. Materdomini: Editrice San Gerardo, 2009, p. 12.

para os pecadores, cuja consequência era a recusa dos sacramentos."[7] Se a prática nos confessionários era negar e adiar as absolvições, Santo Afonso vai insistir no valor da graça santificante desse sacramento. Quando se nega a absolvição, corre o perigo do penitente permanecer sem a graça santificante e cair mais fortemente no pecado.

Às vezes, o penitente vai ter opiniões diferentes do confessor, mas isso não é razão para negar a absolvição, segundo Santo Afonso. "Digo aconselhar, pois se o penitente tem uma opinião verdadeiramente provável que quer seguir, não se pode recusar-lhe a absolvição, visto que, por sua confissão já feita, adquire um direito certo a recebê-la."[8] Nisso

---

[7] REY-MERMET, Théodule. *A moral de Santo Afonso*. Aparecida: Santuário, 1991, p. 83.

[8] SANTO AFONSO, apud REY-MERMET, Théodule. *A moral de Santo Afonso*. Aparecida: Santuário, 1991, p. 79.

nosso santo doutor é claro quanto à necessidade de absolver o penitente que tem boa vontade em se emendar e evitar o pecado. Aqui a misericórdia está acima da lei: "É uma benignidade para a prática da reconciliação sacramental (sem esquecer o sacramento da Eucaristia: a comunhão)".[9] A vida espiritual é alimentada pela misericórdia divina.

Nisso consistem a fé e a confiança na graça divina. "Para Liguori a fonte de sua pastoral é uma tríplice confiança: na misericórdia divina, na boa vontade do pecador que se dispõe a confessar, na graça convertedora e santificante dos sacramentos da Penitência e da Eucaristia."[10] Como ensina o papa Francis-

---

[9] VIDAL, Marciano. *Afonso de Ligório:* o triunfo da benignidade frente ao rigorismo, Vol. 3, A moral afonsiana. Aparecida: Santuário, 2022, p. 426-427.

[10] REY-MERMET, Théodule. *A moral de Santo Afonso.* Aparecida: Santuário, 1991, p. 83.

co, a comunhão não é prêmio para os perfeitos, mas remédio para os enfermos[11].

Nosso santo doutor, no combate ao rigorismo moral, ensina a importância de os imperfeitos comungarem. Afirma Santo Afonso: "Duas espécies de pessoas devem comungar com frequência: os perfeitos, para se conservarem na perfeição, e os imperfeitos, para chegarem à perfeição".[12] Essa afirmação afonsiana vai contra a moda da época, em que se exigia perfeição moral para receber a santa comunhão, e ele ainda firma que as pessoas que ainda não são perfeitas devem comungar com frequência. Nisso percebe-se em Santo Afonso um confronto com o rigorismo, que negava a absolvição e a comunhão,

[11] https://www.vatican.va/content/francesco/pt/speeches/2021/september/documents/20210915-bratislava-volo-ritorno.html (acessado em 1.1.2024).

[12] LIGÓRIO, Santo Afonso. *A prática do amor a Jesus Cristo*. 25ª edição. Aparecida: Santuário, 2015, p. 33-34.

e, ao mesmo tempo, pede que a comunhão seja frequente. Pode-se dizer que nele está a moral da misericórdia.

A influência da moral afonsiana, quanto à misericórdia, chegou também à França, e o santo e famoso padre confessor Cura d'Ars foi imbuído dessa linha teológica: "... o fenômeno do Cura D'Ars, em cujo cuidado pastoral do confessionário ressoaram os traços da benignidade afonsiana, como tem sido reconhecido pelos estudiosos do trabalho pastoral de João Maria Vianney e pelo próprio Papa João Paulo II".[13] Essa influência torna o renomado confessor, Cura D'Ars, um instrumento da misericórdia, sem colocar fardos pesados nas costas dos penitentes, como disse Jesus de si mesmo: "pois meu jugo é suave e meu fardo é leve" (Mt 11,30).

---

[13] VIDAL, Marciano. *Afonso de Ligório:* o triunfo da benignidade frente ao rigorismo, Vol. 3, A moral afonsiana. Aparecida: Santuário, 2022, p. 427.

Sabe-se é que o patrono dos padres, João Maria Vianney, o famoso santo Cura D'Ars, começou a estudar teologia moral de Santo Afonso. "Na companhia de seu bispo, ele simplesmente tornara-se afonsiano."[14] A partir da moral de Santo Afonso, o patrono dos padres não mais adiou as absolvições e tornou-se um confessor mais benigno com as almas.

"O Cura d'Ars dos primeiros tempos julgava-se, pois, obrigado em consciência a adiar muitas absolvições. Seus penitentes, vindos de longe, faziam a fortuna dos hoteleiros de Ars, Trévoux e Lyon, esperando dias e semanas o perdão de Deus e da Igreja... O bispo de Belley, mons. Devie, fervoroso ligoriano, recomenda (a leitura das obras de Santo Afonso de Ligório) ao Pe. Vianney. Foi para

[14] REY-MERMET, Théodule. *A moral de Santo Afonso*. Aparecida: Santuário, 1991, p. 107.

ele uma revelação que virou pelo avesso sua pastoral da Penitência. Acabaram-se os adiamentos de absolvição. Acabaram também os belos dias dos hoteleiros da região."[15]

O exemplo da conversão do patrono dos padres reflete a influência da compreensão do sacramento da Penitência em Santo Afonso. A Confissão é para ajudar o penitente a crescer na graça e não ser um instrumento de julgamento. "É uma benignidade para a prática da reconciliação sacramental (sem esquecer o sacramento da Eucaristia: a comunhão)."[16] Nisso o próprio papa Francisco enfatizou: "Aos sacerdotes, lembro que o confessionário não deve ser uma câmara de tortura, mas o lugar da misericórdia do

[15] REY-MERMET, Théodule. *A moral de Santo Afonso*. Aparecida: Santuário, 1991, p. 107.
[16] VIDAL, Marciano. *Afonso de Ligório:* o triunfo da benignidade frente ao rigorismo, Vol. 3, A moral afonsiana. Aparecida: Santuário, 2022, p. 426-427.

Senhor, que nos incentiva a praticar o bem possível".[17] Assim a Igreja é chamada urgentemente a oferecer essa misericórdia divina, no sacramento da Penitência, aos pecadores que recorrem à pastoral do perdão.

---

[17] FRANCISCO, Papa. *Evangelii Gaudium*, n. 44.

4.
Papel do confessor

No período histórico de Santo Afonso, o rigorismo moral era moda nos confessionários e nas pregações, em muitos lugares da Europa. Com isso os confessionários estavam vazios, pois o sacramento da misericórdia havia se tornado um "instrumento de medo e pavor" para muitas pessoas. A prática usual entre os padres, desse período histórico, era negar ou adiar a absolvição sacramental.

Santo Afonso, em sua *Praxis confessarii*[1], realça a misericórdia de Deus e exorta os padres a não seguirem a prática rigoris-

---

[1] Nessa obra usamos a *Praxis confessarii* em inglês, com o título: ALPHONSUS, Liguori. Guide for confessors. New York: Lulu, 1978.

ta. Diz nosso santo: “Não espanteis os penitentes, repetia ele, adiando a absolvição de mês em mês, como é a moda. Isso não é ajudá-los, mas perdê-los. Quando o pecador reconhece suas faltas e as detesta não se deve deixá-lo só com suas forças na luta contra a tentação...”[2] Em sua práxis pastoral, Santo Afonso percebia que as pessoas haviam se afastado da Igreja porque o Deus pregado, na maioria das vezes, era um Deus punitivo e rigorista.

Se o Concílio de Trento (1545-1563) havia ensinado que o confessor é um juiz, Santo Afonso deu um passo adiante mostrando que o padre na confissão deve ser um curador com amor paternal. “Para Afonso, não basta somente conhecer a espécie e o número

[2] REY-MERMET, Théodule. *A moral de Santo Afonso*. Aparecida: Santuário, 1991, p. 84.

dos pecados, exigência mínima do Concílio de Trento para a validade da confissão. A caridade do médico-pai, que deseja curar seu penitente-filho, vai além disso."[3] Não se trata de condenar ou espantar o penitente com longas contrições, mas mostrar o amor misericordioso de Deus revelado no Evangelho, abrindo o caminho da salvação.

Para Santo Afonso a condenação e o medo não levam ninguém a uma verdadeira conversão, apenas à conversão momentânea – como "um fogo de palha". Quando a pessoa se converte por temor do inferno, logo que perde o medo, ela abandona a vida de Igreja e a Deus. No entanto, quando alguém se converte por amor a Deus[4], essa mudança

---

[3] FIGUEIREDO, Luiz Henrique Brandão. *Acompanhar, discernir e integrar:* Santo Afonso de Ligório e o ministério do confessor. São Paulo: Cultor de livros, 2019, p. 51.

[4] SANTO AFONSO, Maria de Ligório. *A prática do amor a Jesus Cristo.* 25ª edição. Aparecida: Santuário, 2015.

de vida é permanente. E para perseverar na graça, no entanto, a oração é o melhor meio para alcançar de Deus a salvação e a paz[5]. "E Afonso explica como o 'confessor prudente' introduz e faz progredir seus penitentes na oração, na transformação do coração, na aquiescência à vontade de Deus, nos propósitos generosos."[6] A oração é o meio necessário para levar a pessoa à salvação, por isso a "vida devota", isto é, a "vida de oração", é o melhor caminho para resgatar o pecador.

A originalidade de Santo Afonso quanto à confissão está em elaborar os ofícios dos confessores. "Afonso oferece aos confessores uma vasta e acurada reflexão sobre como devem exercer seu ministério no confessionário, de

---

[5] SANTO AFONSO, Maria de Ligório. *A oração:* o grande meio para alcançarmos de Deus a salvação e todas as graças que desejamos. 25ª edição. Aparecida: Santuário, 2013.
[6] REY-MERMET, Théodule. *A moral de Santo Afonso*. Aparecida: Santuário, 1991, p. 80.

modo que esses ofícios são os elementos mais originais da proposta teológico-pastoral afonsiana a respeito do tema..."[7] O papel do confessor não consiste apenas em ser um juiz que julga os pecados do penitente, mas sim em ser pai, médico e mestre, levando a pessoa a uma profunda experiência da misericórdia divina.

O confessor como pai

Deus é revelado em Jesus Cristo como um "Pai bondoso", inclusive quando Jesus ensina os discípulos a rezarem chamando Deus de "Pai Nosso". Para Santo Afonso, o padre no confessionário deve revelar a figura do "Pai que perdoa" e que ajuda a caminhar na graça divina.

---

[7] FIGUEIREDO, Luiz Henrique Brandão. *Acompanhar, discernir e integrar:* Santo Afonso de Ligório e o ministério do confessor. São Paulo: Cultor de livros, 2019, p. 46.

Por isso "segundo a proposta de Afonso, o primeiro na lista dos ofícios do confessor é o de pai. Diferindo da maioria dos livros de sua época, que consideravam o confessor preponderantemente como juiz",[8] nosso santo deseja dar uma nova imagem do confessionário, não sendo mais um tribunal de julgamento, mas sim um lugar da graça e santificação dos fiéis.

Para revelar a misericórdia divina aos fiéis, o padre no confessionário deve, acima de tudo, primar pela caridade. Santo Afonso ressalta: "Para ser pai destes penitentes, o confessor deve ter caridade. Deve mostrar seu amor antes de tudo pela bondade – sejam eles pobres, incultos ou mesmo pecadores".[9]

---

[8] FIGUEIREDO, Luiz Henrique Brandão. *Acompanhar, discernir e integrar:* Santo Afonso de Ligório e o ministério do confessor. São Paulo: Cultor de livros, 2019, p. 46.

[9] ALPHONSUS, Liguori. *Guide for confessors.* New York: Lulu, 1978, p. 10.

É fundamental que o padre revele esse amor profundo aos penitentes, pois o que permanecerá é a caridade (cf. 1Cor 13,13) no Reino de Deus.

O ofício de "pai no confessionário" revela, acima de tudo, a misericórdia divina concretamente aos penitentes. "A função mais importante do confessor consistia nisso para ele, ser um pai misericordioso para com o penitente arrependido, amoroso e compreensivo, bondoso e encorajador."[10] O confessor, nessa perspectiva, revela a graça da misericórdia com suas atitudes de compreensão, bondade e, acima de tudo, encoraja o penitente no caminho da graça salvadora.

Santo Afonso, ensinando os confessores a ajudarem os penitentes na confissão, diz que

---

[10] LEITGOB, Martin. *Afonso de Ligório:* mestre da oração e da misericórdia. Aparecida: Santuário, 2014, 96.

essas palavras devem ser faladas ao penitente ao iniciar o atendimento da confissão: "Não há necessidade de ter medo. Não tenha pressa e, quando você se sentir bem, poderá contar seus pecados. E não há razão para reter nada porque você tem vergonha disso. Se ficar com dúvidas, eu vou ajudá-lo a examinar sua consciência – então não há necessidade de se preocupar".[11] Com essas palavras, o Patrono dos Confessores deseja impregnar no penitente uma tranquilidade e paz na realização da confissão, sem ter pressa, sem ter acanhamento dos pecados e pronto para ajudar a pessoa a fazer uma boa confissão.

As atitudes de acolhida e de caridade do confessor ajudam em muito para que o penitente se sinta livre para confessar e também

[11] ALPHONSUS, Liguori. *Guide for confessors*. New York: Lulu, 1978, p. 11.

confiar no padre que está no confessionário. Por isso nosso santo doutor afirma: "Em seguida, o confessor deve mostrar uma bondade ainda maior ao ouvir a confissão. Ele deve ser cuidadoso para não se mostrar impaciente ou cansado. E, acima de tudo, não se mostrar surpreso com os pecados, pois isso gera um desconforto e uma vergonha ao penitente".[12] As atitudes paternas e acolhedoras geram na pessoa uma confiança ainda maior na graça desse sacramento.

No meio da confissão, quando o penitente fica embaraçado com os pecados, o padre pode dizer, segundo Santo Afonso: "Entendo, então não vamos ficar chateados com isso. A misericórdia de Deus é maior que seus pecados. Então vá agora e conte o resto de seus

[12] ALPHONSUS, Liguori. *Guide for confessors*. New York: Lulu, 1978, p. 11.

pecados".[13] Interessante como nosso santo entende e ensina a importância da empatia e da misericórdia, isso trezentos anos atrás.

O padre, no confessionário, revela a graça da reconciliação e age como um pai na caridade. "Como um bom pai, escreve Afonso, o confessor deve saber abraçar o pecador 'no coração'. O ministro da reconciliação, como pai, principalmente, é chamado a acolher na verdadeira caridade todos que se apresentam para pedir perdão a Deus."[14] Acima de tudo estão a caridade e a misericórdia.

São Paulo Apóstolo ensina que "a caridade é paciente, a caridade é prestativa..." (1Cor 13,4). Esse aspecto é fundamental na confissão, em que a atitude paterna do con-

---

[13] ALPHONSUS, Liguori. *Guide for confessors*. New York: Lulu, 1978, p. 11.

[14] AMARANTE, Alfonso e SACCO, Filomena. *Reconciliação sacramental:* moral e prática pastoral. Aparecida: Santuário, 2020, p. 193.

fessor é revelada no acolher do penitente. "A caridade paterna no escutar, segundo Afonso, deve servir à salvação de cada penitente, à conservação do justo e a sua perfeição."[15] Não consiste em chamar a atenção ou usar palavras condenatórias ao penitente, mas sim proferir palavras encorajadoras para que a pessoa siga o caminho da graça e da salvação.

O confessor como médico

Se a caridade deve ser a primeira virtude do confessor, a ciência teológica será necessária no processo de cura do pecador, pois o pecado fere a pessoa e "o salário do pecado é a morte" (Rm 6,23). Por isso "a segunda função do confessor era, para ele, a do médico

[15] FIGUEIREDO, Luiz Henrique Brandão. *Acompanhar, discernir e integrar:* Santo Afonso de Ligório e o ministério do confessor. São Paulo: Cultor de livros, 2019, p. 49.

que diagnostica com bom senso e conhecimento as causas do mal e prescreve uma 'terapia' correspondente".[16] O sacramento da Penitência ajuda no processo de cura e favorece a graça da reconciliação e paz interior da pessoa que confessa.

O Patrono dos Confessores ensina que o papel do confessor é ajudar o penitente a superar suas enfermidades espirituais. "O segundo dever que Ligório indica ao confessor é aquele de médico: a fim de bem curar seu paciente, deve, primeiramente, informar-se da origem e das razões de todas as suas enfermidades espirituais."[17] O médico faz o diagnóstico e ajuda a caminhar na vida da graça de Deus.

---

[16] LEITGOB, Martin. *Afonso de Ligório:* mestre da oração e da misericórdia. Aparecida: Santuário, 2014, p. 96.
[17] AMARANTE, Alfonso e SACCO, Filomena. *Reconciliação sacramental:* moral e prática pastoral. Aparecida: Santuário, 2020, p. 193.

Por isso Santo Afonso exorta os confessores a não apenas conhecer o número e a espécie de pecados, mas também ajudar no crescimento da vida espiritual do penitente. Assim afirma nosso santo doutor: "Para poder prescrever o remédio certo para a doença espiritual de seu penitente, o confessor deve conhecer sua origem e causa. Alguns confessores não pedem nada mais do que o número e a espécie dos pecados".[18] O remédio mais certo para Santo Afonso era o fortalecimento da vida espiritual da pessoa, por meio de uma vida dedicada à oração e à caridade.

Nosso santo doutor era profundo conhecedor do ensino dos Santos Padres da Igreja, por isso ele buscou inspiração nesses homens

---

[18] ALPHONSUS, Liguori. *Guide for confessors*. New York: Lulu, 1978, p. 13.

de Deus. "Já nos primeiros tempos, os Padres da Igreja davam a Cristo os nomes de 'Divino Médico', 'Divino Taumaturgo', 'Redentor'."[19] E o confessor, agindo em nome de Cristo, o 'Divino Médico', vai ajudar na cura espiritual por meio do sacramento da Penitência.

Desde a acolhida do pecador, o confessor está preocupado em ajudar o penitente a superar o pecado e viver na graça. "Afonso está convencido, porém, de que a exortação, bem como as demais ações do confessor, deve servir 'para saúde de seu penitente'."[20] Assim, a saúde espiritual do penitente é o centro de atenção de Santo Afonso.

Para nosso santo doutor, "o confessor-médico, para exercitar seu ofício de modo

[19] HÄRING, Bernhard. *Shalom e paz*: O sacramento da reconciliação. São Paulo: Paulinas, 1970, p. 47.
[20] FIGUEIREDO, Luiz Henrique Brandão. *Acompanhar, discernir e integrar:* Santo Afonso de Ligório e o ministério do confessor. São Paulo: Cultor de livros, 2019, p. 50.

a auxiliar a salvação do penitente, deve adquirir duas qualidades em particular: a perícia e a prudência".[21] A perícia para saber compreender a realidade pessoal e comunitária do penitente e a prudência para saber o que perguntar. Para Santo Afonso, o confessor somente trata sobre o Sexto Mandamento (sexualidade) na confissão, se o penitente pedir para ser indagado sobre isso[22].

Como médico das almas, o padre no confessionário, ao ouvir com atenção e empatia o penitente, saberá aconselhar devidamente

---

[21] FIGUEIREDO, Luiz Henrique Brandão. *Acompanhar, discernir e integrar:* Santo Afonso de Ligório e o ministério do confessor. São Paulo: Cultor de livros, 2019, p. 50.

[22] Ensina Santo Afonso: "Quanto aos pecados dos cônjuges, o confessor não é normalmente obrigado a perguntar sobre a relação conjugal. Não é apropriado perguntar se eles tiveram relação sexual... Quanto a outras coisas, o confessor não deve dizer nada a menos que lhe seja perguntado". In ALPHONSUS, Liguori. *Guide for confessors.* New York: Lulu, 1978, p. 44.

a pessoa que confessa. Por isso nosso santo doutor ressalta: "Os conselhos do confessor são muito mais eficazes do que os sermões do pregador, pois ele conhece o caso em questão e o pregador não".[23] No ambiente da reconciliação, o confessor tem muito a ajudar a pessoa no crescimento na vida espiritual e para levá-la a uma vida de oração.

Inclusive, é de suma importância não dar penitências muito pesadas, pois isso pode ser um fator de desânimo para o penitente. Afirma Santo Afonso: "Muitos moralistas ensinam com probabilidade que há justa causa para reduzir a penitência, se o confessor achar que o penitente será encorajado a confessar-se com mais frequência".[24] Nesse sen-

---

[23] ALPHONSUS, Liguori. *Guide for confessors*. New York: Lulu, 1978, p. 13

[24] ALPHONSUS, Liguori. *Guide for confessors*. New York: Lulu, 1978, p. 18.

tido, podemos encontrar no Evangelho o que o Divino Médico diz: “Vinde a mim todos os que estais cansados sob o peso de vosso fardo e vos darei descanso” (Mt 11,28). O sacramento da Reconciliação é graça e não apenas um cumprimento de leis.

O confessor como mestre

Hoje, vivemos em um mundo pluralista, e as ciências trazem a cada dia novas descobertas e novas invenções. O padre confessor tem de ser mestre nas ciências sagradas, mas também se exige dele um profundo conhecimento da pessoa humana – uma visão antropológica integral. Nesse sentido, o confessor tem de estar constantemente se atualizando nas sagradas ciências e também nas ciências humanas. “De fato, o terceiro dever que o Santo indica é aquele do ‘mestre’. O verdadeiro mestre estuda e se atualiza continuamente, além de possuir o conhecimento de quase todas as outras ciências e de todos os outros ofícios."[25] O conhecimento, nesse sentido, é para ajudar as pessoas no crescimento humano espiritual.

O padre, como mestre no confessionário, no conhecimento e no ensino na teologia da Igreja. "... o ofício de confessar pode ser considerado *ars artium regimen animarum* – a arte das artes no governo das almas. Para exercitar com destreza essa arte, o confessor precisa ser mestre, que é o terceiro ofício que aparece na lista de Afonso."[26] O ato de atender confissões deve ser tratado com uma profunda sa-

---

[25] AMARANTE, Alfonso e SACCO, Filomena. *Reconciliação sacramental:* moral e prática pastoral. Aparecida: Santuário, 2020, p. 193.

[26] FIGUEIREDO, Luiz Henrique Brandão. *Acompanhar, discernir e integrar:* Santo Afonso de Ligório e o ministério do confessor. São Paulo: Cultor de livros, 2019, p. 55.

bedoria, para que o penitente possa crescer a partir dessa experiência da graça redentora.

A teologia moral para Santo Afonso é um meio privilegiado para compreender a vontade de Deus. Por isso "em terceiro lugar o confessor é, para Afonso, o mestre que, da abundância de sua sabedoria teológica e experiência religiosa, expõe o que ele vê como vontade de Deus naquela situação concreta".[27] A teologia do confessor não é motivo de vaidade, mas sim uma sabedoria para exortar o penitente na busca de fazer a vontade divina.

Por isso o patrono dos estudiosos da teologia moral e dos confessores destaca: "É dever do confessor conhecer bem a teologia moral, para poder exercer o dever de mestre,

---

[27] LEITGOB, Martin. *Afonso de Ligório:* mestre da oração e da misericórdia. Aparecida: Santuário, 2014, p. 96.

pois, se a ignora, naturalmente não poderá ensiná-la a outros".[28] A teologia moral, para Santo Afonso, é uma disciplina prática que ajuda no crescimento das virtudes e na vida de santidade. A teologia moral não é uma coleção de 'receitas para a vida ética', mas sim o fundamento para a concreta vivência cristã neste mundo.

Inclusive, nosso santo doutor confronta aqueles que não valorizam a teologia moral: "Alguns homens que se autodenominam grandes teólogos olham com desdém para a teologia moral que chamam de casuística e estudam apenas brevemente".[29] Por isso o confessor deve aprofundar o conhecimento na teologia moral.

---

[28] ALPHONSUS, Liguori. *Guide for confessors.* New York: Lulu, 1978, p. 23.
[29] ALPHONSUS, Liguori. *Guide for confessors.* New York: Lulu, 1978, p. 23.

O confessor como juiz

Santo Afonso, em sua explicação na *Praxis confessarii*, deixa por último o ofício do confessor com a obrigação de juiz. “Por fim, é indicado o dever de juiz... o confessor primeiramente deve informar-se da consciência do penitente, deve ainda discernir sua disposição...”[30] Como juiz, o confessor tem a obrigação de ouvir cuidadosamente o penitente, sem interferir enquanto o penitente confessa e, depois, perceber as disposições para receber a misericórdia de Deus pela absolvição.

A função de juiz, na confissão, só pode ser exercida se o confessor tiver exercido bem os três primeiros deveres. “Só depois de cumprir essas três funções – de pai, mé-

[30] AMARANTE, Alfonso e SACCO, Filomena. *Reconciliação sacramental:* moral e prática pastoral. Aparecida: Santuário, 2020, p. 193.

dico e mestre – Afonso exercia como última a função de juiz, mas de maneira que o 'julgamento' proferido pelo confessor abrandasse a justiça divina, uma vez que de fato essa justiça nada mais é que misericórdia."[31] O papel de juiz, se exercido primeiramente, pode assustar e espantar o penitente da confissão.

Como diz nosso santo doutor: "O último papel do confessor – o de juiz – é muito importante. Os juízes são obrigados a conhecer os fatos, examinar as provas e depois proferir a contrição".[32] Como juiz, o confessor, não lhe compete fazer julgamentos apressados ou despedir a pessoa sem uma palavra de ânimo para a vida espiritual. A contrição é ressaltada como remédio para a cura do fiel.

---

[31] LEITGOB, Martin. *Afonso de Ligório:* mestre da oração e da misericórdia. Aparecida: Santuário, 2014, 96.

[32] ALPHONSUS, Liguori. *Guide for confessors.* New York: Lulu, 1978, p. 26.

Como juiz, o confessor deve abster-se de fazer julgamento das opiniões do penitente, e, ao contrário, deve ajudar a pessoa a ter disposição para afastar-se do pecado e caminhar na graça de Deus. "Afonso argumentou que o confessor não era o juiz das 'opiniões' do penitente, mas das 'disposições' do penitente, orientadas para a mudança de conduta."[33] A conversão, em Santo Afonso, dá-se no processo de uma vida santa, alimentada pela prática da oração.

Às vezes, os confessores, cansados de ouvir tantas confissões, perdem a paciência com as pessoas no confessionário. O Patrono dos Confessores faz este alerta: "É extremamente errado despedir o penitente não instruído, dizendo-lhe que saia e examine melhor sua consciência... Quando são despedidos sem

---

[33] VIDAL, Marciano. *Afonso de Ligório:* o triunfo da benignidade frente ao rigorismo, Vol. 3, A moral afonsiana. Aparecida: Santuário, 2022, p. 430.

ajuda, existe o perigo de que o medo desta dificuldade os impeça de retornar à confissão".[34] Mesmo saturado, de tanto ouvir confissões, o confessor deve ajudar o penitente com palavras caridosas e de misericórdia.

[34] ALPHONSUS, Liguori. *Guide for confessors.* New York: Lulu, 1978, p. 27.

5.
A confissão como fonte de misericórdia

Santo Afonso acreditava profundamente na graça santificante dos sacramentos e, para ele, a graça sacramental tem o poder de transformar e converter o pecador. Por isso a recusa dos sacramentos, de modo especial da absolvição na Penitência, que era comum no período de nosso santo doutor, é confrontada pelo ensino afonsiano. Ele acreditava que a graça sacramental poderia libertar a pessoa do pecado e agir de maneira nova.

O primeiro biógrafo de Santo Afonso, Pe. Antonio Tanoia – que conviveu vários anos com nosso santo doutor – atesta que ele não negava a absolvição aos penitentes. "Algumas palavras do Afonso ancião, transmitidas por Tanoia, de que ele não despediu nenhum penitente sem absolvição, levaram à propagação da ideia de que Afonso não deixou sem absolvição nenhum penitente que se aproximasse dele."[1] Essa firme confiança na graça santificante levava o fundador dos Redentoristas a não negar a absolvição sacramental. "Como afirmação capital, pode-se dizer que o confessor é obrigado a absolver o penitente quando esse é disposto."[2] Se o pecador se curva diante do confessor e se confessa, nessa perspectiva, ele é merecedor da absolvição, segundo Santo Afonso.

---

[1] VIDAL, Marciano. *Afonso de Ligório:* o triunfo da benignidade frente ao rigorismo, Vol. 3, A moral afonsiana. Aparecida: Santuário, 2022, p. 430.

[2] FIGUEIREDO, Luiz Henrique Brandão. *Acompanhar, discernir e integrar:* Santo Afonso de Ligório e o ministério do confessor. São Paulo: Cultor de livros, 2019, p. 50.

A graça da reconciliação que leva a pessoa a ter a Paz de Cristo era ressaltada por Santo Afonso em sua instrução. "O ponto central da instrução sobre o sacramento da penitência deveria ser o significado da absolvição. A absolvição significa que o homem recebe dentro de si a paz de Cristo."[3] Nisso reside o sentido da absolvição, isto é, leva a pessoa à paz e a uma nova vida (conversão).

A teologia moral de nosso santo doutor é permeada pela teologia da graça, inspirada em Santo Agostinho. "Santo Afonso está todo aí, teólogo da graça e da perseverança pela meditação e pela prece. Quanto 'aos castigos e às punições', acrescentados também pelo Concílio de Trento, ele não diz palavra. 'Procuremos, diz ele, inspirar horror, não ao

---

[3] HARING, Bernard. *Shalom Paz:* o sacramento da reconciliação. São Paulo: Paulinas, 1970, p. 101.

penitente, mas do pecado."[4] Em sua teologia moral é ressaltado o mal do pecado, mas, por outro lado, é destacado a graça misericordiosa de Deus em favor do pecador. E para perseverar na vida de graça é fundamental uma vida dedicada à oração.

A teologia moral de nosso santo doutor é imbuída da teologia da graça. Santo Afonso "não hesita em dizer que ciência moral é a 'mais difícil de todas', de tal maneira que 'o confessor não deve jamais deixar de lado o estudo da moral'".[5] A teologia moral é muito mais que decorar receitas para dar aos penitentes, é uma profunda reflexão teológica para seguir a vontade de Deus.

---

[4] REY-MERMET, Théodule. *A moral de Santo Afonso*. Aparecida: Santuário, 1991, p. 86.

[5] FIGUEIREDO, Luiz Henrique Brandão. *Acompanhar, discernir e integrar:* Santo Afonso de Ligório e o ministério do confessor. São Paulo: Cultor de livros, 2019, p. 50.

Assim, o sacramento da Penitência não é algo isolado na teologia, mas faz parte da teologia como um todo. "Para Afonso, a fonte de sua pastoral é uma tríplice confiança: na misericórdia divina, na boa vontade do pecador que se dispõe a confessar, na graça convertedora e santificante dos sacramentos da Penitência e da Eucaristia."[6] Essa confiança inabalável na graça divina, na boa disposição do pecador e na ação santificante dos sacramentos, leva a uma pastoral que converte e inspira as pessoas para a vida em Deus e na comunidade.

A Igreja, em seu coração de mãe, anuncia a salvação a todos e busca resgatar aqueles que estão longe da graça divina. Assim, o confessor, em nome de Deus e da Igreja, anuncia

---

[6] REY-MERMET, Théodule. *A moral de Santo Afonso*. Aparecida: Santuário, 1991, p. 83.

a misericórdia. “Não é um coração de uma Igreja triunfalista, mas o coração de uma Igreja amorosa, humilde e misericordiosa.”[7] É uma Igreja da misericórdia e do serviço aos mais abandonados.

[7] PAPA FRANCISCO. Exortação apostólica *C'est la confiançe:* sobre a confiança no amor misericordioso de Deus, n. 40.

6.
A oração como meio de salvação

O Patrono dos Confessores, Santo Afonso de Ligório, acreditava que o melhor meio para a pessoa se afastar do pecado e perseverar na graça de Deus é a prática cotidiana da oração. Em suas obras "A oração", "A prática do amor a Jesus Cristo" e "Uma estrada de salvação", Afonso ressalta a importância da perseverança na vida orante. Afirma nosso santo doutor: "A oração não só é útil, mas necessária para a salvação".[1] Com a prática da oração e a perseverança na graça, evita-se o pecado.

---

[1] LIGÓRIO, Santo Afonso. *Uma estrada de salvação*. 7ª edição. Aparecida: Santuário, 2022, p. 29.

No livro "A oração: grande meio para alcança de Deus a salvação e todas as graças que desejamos", ele afirma: "Publiquei várias obras espirituais. Penso, entretanto, não ter escrito obra mais útil do que esta, na qual trato da oração, porque a oração é o meio necessário e certo de alcançarmos todas as graças necessárias para a salvação".[2] Nosso santo doutor publicou mais de 121 obras em vida, com milhares de edições em muitas línguas modernas. E ele atesta que a obra mais importante dele é "A oração".

Ele acreditava que para evitar o pecado a oração é o melhor caminho. E desejava incutir na consciência dos católicos a importância da oração. Nosso santo doutor ressalta: "Se me fosse possível, faria imprimir tantos

---

[2] LIGÓRIO, Santo Afonso de. *A oração*. 33ª edição. Aparecida: Santuário, 2015, p. 11.

exemplares deste livro quantos são os fiéis de todo o mundo. Daria um exemplar a cada um, a fim de que todos pudessem compreender a necessidade que temos de orar para nos salvar".[3] No entanto, a oração exige da pessoa também ações concretas para viver sua vida cristã. Como afirma São Tiago: "Meus irmãos, se alguém diz que tem fé, mas não tem obras, do que adianta isso?" (Tg 2,14). Ou seja, oração é acompanhada da vivência do amor de Deus em seu cotidiano.

Nessa perspectiva, sua obra "A prática do amor a Jesus Cristo" vai ressaltar a vivência do amor a Deus e ao próximo. Assim destaca nosso santo doutor: "Toda a santidade e toda a perfeição de uma pessoa consiste em amar a Jesus Cristo, nosso Deus, nosso maior bem, nosso Sal-

[3] LIGÓRIO, Santo Afonso de. *A oração*. 33ª edição. Aparecida: Santuário, 2015, p. 11.

vador, Jesus Cristo: 'quem me ama será amado por meu pai'" (Jo 16,27)[4]. Amamos a Deus pela vida de oração e da prática da caridade e ao mesmo tempo manifestemos o nosso amor ao próximo (cf. Lc 10,30-37: o bom samaritano).

A vida de oração é como resposta ao amor de Deus à humanidade. "Um coração é pouco para amar um Deus que nos ama tanto. Para retribuir o amor de Jesus Cristo, seria preciso que um outro Deus morresse por seu amor."[5] Deus enviou e entregou seu Filho para salvação de seu povo; essa entrega é o maior sinal que Deus poderia dar à humanidade. Assim a pessoa que se disciplina para a vida de oração está respondendo a esse amor.

---

[4] LIGÓRIO, Santo Afonso. *A prática do amor a Jesus Cristo.* 25ª edição. Aparecida: Santuário, 2015, p. 11.
[5] LIGÓRIO, Santo Afonso. *A prática do amor a Jesus Cristo.* 25ª edição. Aparecida: Santuário, 2015, p. 47.

O amor de Deus é um dos elementos fundamentais para entender a teologia de Santo Afonso. Nessa perspectiva, ele confronta o jansenismo rigorista: "Errou Jansênio, condenado pela Igreja, ao dizer que alguns preceitos são impossíveis de serem observados por nós e que, às vezes, falta-nos também a graça para torná-los possíveis".[6] Enquanto o jansenismo pregava o rigorismo e o perigo constante do inferno, em uma visão bem fatalista e pessimista, Santo Afonso acredita na força da graça, a exemplo de Santo Agostinho.

Por isso a necessidade constante da oração na vida do cristão, evitando assim o pecado. "Deus quer que quando tentados, recorramos a Ele para obter ajuda e para resistir."[7] A ora-

---

[6] LIGÓRIO, Santo Afonso. *Uma estrada de salvação*. 7ª edição. Aparecida: Santuário, 2022, p. 30.
[7] LIGÓRIO, Santo Afonso. *Uma estrada de salvação*. 7ª edição. Aparecida: Santuário, 2022, p. 30-31.

ção é o caminho da graça e perseverança de uma vida santa. Entendo santidade também em um contexto de solidariedade com os sofredores deste mundo (não se pode compreender a santidade na Boa-Nova de Jesus apenas com cumprimentos de preceitos de pureza).

Inclusive Santo Afonso descreve o modo prático de fazer a oração mental. A pessoa deve buscar um lugar de silêncio, para primeiramente fazer um ato de adoração ao Senhor, pedir perdão dos pecados e pedir as graças de Maria Santíssima e dos santos. Em seguida, fazer uma leitura de um trecho dos evangelhos e uma meditação. Finalmente, fazer um bom propósito de evitar as falhas e viver na graça. Rezar um Pai-nosso e uma Ave-Maria.

Percebe-se, em Santo Afonso, que a oração deve levar a pessoa a viver concretamente o Evangelho, por isso ele ressalta a importância da meditação na oração – seja a leitura de um texto espiritual ou o Evangelho. Por fim, exige-se um bom propósito na vivência das virtudes cristãs.

Em sua *Praxis confessari*, Santo Afonso pede aos confessores que motivem os penitentes a uma vida de oração, pois ela é o melhor meio de alcançarmos as graças necessárias para a vida cristã. A oração, para Santo Afonso, é fundamental para a vida cristã, pois direciona a pessoa para uma vida de virtude. Claro que a oração nessa perspectiva é encarnada na realidade e não uma oração alienada ou apenas pietismo – isto é, um intimismo com Deus com uma vida sem solidariedade com os necessitados.

A vida de oração leva a pessoa a superar as tentações e, ao mesmo tempo, livrar-se dos pecados. Diz nosso santo doutor: "Rezar para conseguir de Deus as graças necessárias para progredir no caminho da salvação e principalmente para obter a luz divina a fim de evitar os pecados".[8] Por isso, segundo Santo Afonso, o padre confessor deve ajudar o penitente a crescer na vida de oração.

A necessidade de oração – para evitar o pecado e ter uma vida santa – para Santo Afonso é muito conhecida por sua célebre frase: "Quem reza certamente se salva, e quem não reza certamente será condenado".[9] Ou seja, a oração é necessária e fundamental para a salvação eterna.

---

[8] LIGÓRIO, Santo Afonso. *Uma estrada de salvação*. 7ª edição. Aparecida: Santuário, 2022, p. 64.

[9] LIGÓRIO, Santo Afonso de. *A oração*. 33ª edição. Aparecida: Santuário, 2015, p. 42.

7.
Ensino do Magistério atual acerca da Confissão

A Igreja católica tem na Sagrada Escritura o fundamento de sua teologia, e "a tradição dos apóstolos, graças à assistência do Espírito Santo, desenvolve-se na Igreja"[1]. O ensino (magistério) da Igreja segue esses dois fundamentos, pois "Tradição e Escritura constituem um único depósito sagrado da palavra de Deus, confiado à Igreja"[2]. Assim, o ensino da Igreja, acerca do sacramento da Penitência, é considerado como mandato do próprio Cristo Jesus.

---

[1] *Dei Verbum*, n. 8.
[2] Ibid, n. 10.

Nisso, a Igreja ensina que a Penitência, juntamente com a Unção dos Enfermos, é um sacramento de cura. "O Senhor Jesus Cristo, médico de nossas almas e de nossos corpos, que remiu o pecado do paralítico e restitui-lhe a saúde do corpo, quis que sua Igreja continuasse, na força do Espírito Santo, sua obra de cura e de salvação, também junto de seus próprios membros."[3] Jesus, como médico dos enfermos, continua curando as pessoas também pelo sacramento da Reconciliação. "É esta a finalidade dos dois sacramentos de cura: o sacramento da Penitência e o sacramento da Unção dos Enfermos."[4] No mistério do sacramento da Penitência, temos o perdão e a cura do penitente.

A Igreja ensina que esse sacramento oferece a misericórdia e o perdão ao pecador,

---

[3] Catecismo da Igreja Católica, n. 1421.
[4] Catecismo da Igreja Católica, n. 1421.

mas também exige a conversão da pessoa. "Aqueles que se aproximam do sacramento da Penitência obtêm da misericórdia divina o perdão da ofensa feita a Deus e, ao mesmo tempo, são reconciliados com a Igreja que feriram pecando, a qual colabora para sua conversão com caridade, exemplo e orações."[5] Muito importante o que o Catecismo da Igreja ressalta, o reconciliado deve buscar o caminho da caridade e da oração para perseverar na graça de Deus.

Como Jesus chama as pessoas à conversão: "Convertei-vos e crede no Evangelho" (Mc 1,15), o sacramento da Penitência é por excelência o caminho da conversão. "Chama-se sacramento da Conversão, pois realiza o sacramental convite de Jesus à conversão, o caminho de volta ao Pai, do qual a pessoa se afastou pelo peca-

---

[5] *Lumen Gentium*, n. 11.

do."[6] A graça sacramental exige também do penitente um afastamento do pecado para perseverar na fé e na graça do sacramento.

A graça sacramental do perdão leva às pessoas a paz. "Também é chamado sacramento do perdão porque pela absolvição sacramental do sacerdote Deus concede o perdão e a paz"[7] A pessoa perdoada vivencia a alegria do Cristo Ressuscitado, por isso a paz habita em seu coração.

As pessoas podem perguntar, por que confessar com um sacerdote? Todo pecado é uma ruptura com Deus e com a comunhão com a Igreja, que é o Corpo Místico de Cristo. O pecado nos afasta de Deus e ofende os irmãos da comunidade eclesial. "O pecado é, antes de tudo, uma ofensa a Deus, uma ruptura da comunhão

---

[6] Catecismo da Igreja Católica, n. 1423.
[7] Catecismo da Igreja Católica, n. 1424.

com ele. Ao mesmo tempo é um atentado à comunhão com a Igreja." Por isso a confissão sacramental tem também o sentido de recuperar a comunhão perdida pelo pecado.

A Igreja, por meio dos Papas, sempre tem atualizado a mensagem da misericórdia de Deus. Papa Francisco tem ressaltado essa bondade de Deus. "Cada doença pode encontrar na misericórdia de Deus um auxílio eficaz... quer vir ao encontro de todas as pobrezas e libertar de tantas formas de escravidão que afligem nosso mundo. Quer alcançar as feridas de cada um, para medicá-las."[8] Assim a misericórdia pode ser experimentada de diversas maneiras na Igreja e de modo especial no sacramento da Penitência.

---

[8] PAPA FRANCISCO. Homilia do papa, 3 de abril de 2017. https://www.vatican.va/content/francesco/pt/homilies/2016/documents/papa-francesco_20160403_omelia-giubileo-divina-misericordia.html (acessado dia 5/2/2023).

CONSIDERAÇÕES FINAIS

O estudo dos aspectos morais no Sacramento da Penitência em Santo Afonso evidencia uma perspectiva de equilíbrio entre o laxismo e rigorismo ético, denominada de equiprobabilismo. Por um lado, havia o sistema moral probabilista, que levava ao laxismo e, por outro lado, havia a abordagem moral probabiliorista, que tendia ao rigorismo. Santo Afonso, em sua sabedoria, ressalta que a virtude está no meio (*virtus in medio est*). A virtude não está nos extremos e sim na busca do equilíbrio para uma vida virtuosa.

Na perspectiva afonsiana, "a confissão sacramental é para a pessoa e não a pessoa para a confissão", isto é, esse sacramento é um sinal visível da graça misericordiosa de Deus para conosco. Deus vem ao encontro de seus filhos para salvar e trazer a esperança de uma vida nova em seu filho Jesus Cristo. E o sacramento da Penitência é a unção divina para nos curar de nossas feridas e trazer a paz e o perdão.

Por sua vez, o padre confessor deve primar em acolher o pecador e mostrar a face misericordiosa de Deus. Nisso reside a necessidade de o confessor expressar a paternidade, acolhendo o penitente. Também seja um médico, manifestando o lado da cura desse sacramento. Ainda seja um mestre, levando a pessoa ao remédio, que é a prática da oração que ajuda a pessoa a evitar o pecado. Por fim, seja um juiz para mostrar ao penitente a necessidade de crescer nas virtudes, para não cair em tentação.

Essas funções do confessor, em Santo Afonso, pai, médico, doutor e juiz tem uma originalidade, pois, em seu período, o padre que atendia as confissões era considerado basicamente um juiz, que fazia o julgamento da consciência e dos pecados do penitente. A prática de juiz na confissão tornou esse sacramento um 'tribunal de julgamento', levando as pessoas ao afastamento da vida sacramental na Igreja. Com Santo Afonso, o sacramento da Reconciliação é valorizado na perspectiva da graça misericordiosa e motiva as pessoas a comungarem com frequência.

Enquanto os confessores rigoristas exigiam penitências severas ao pecador para receberem a absolvição sacramental, Santo Afonso mostra a "vida devota", ou seja, uma vida de oração para emendar-se e evitar o pecado. A vida espiritual, alimentada pela prática da oração meditativa e vida sacramental, é o melhor meio para evitar o pecado e viver na graça de Deus.

Nisso Santo Afonso, na moral sacramental, recupera o verdadeiro sentido da graça da reconciliação anunciada por Jesus, que afirma no Evangelho: "Misericórdia quero, e não sacrifício. Com efeito, eu não vim chamar justos, mas os pecadores" (Mt 9,13). Quando um confessionário se torna um "tribunal" e não "fonte da graça misericordiosa de Cristo Jesus", o verdadeiro sentido do Evangelho, como Boa-Nova, é perdido. A vida de oração vai ser o caminho para perseverar na graça e evitar o pecado.

REFERÊNCIAS BIBLIOGRÁFICAS

AMARANTE, Alfonso. *Alfonso de Liguori:* una vita per l'abbondante redenzine di Cristo. Materdomini: Editrice San Gerardo, 2009.

BAZIELICH, Antoni. *A espiritualidade de Santo Afonso de Ligório*: estudos histórico-teológicos. Aparecida: Santuário Aparecida, 1991 (Coleção Espiritualidade Redentorista, n. 1).

FIGUEIREDO, Luiz Henrique Brandão. *Acompanhar, discernir e integrar:* Santo Afonso de Ligório e o ministério do confessor. São Paulo: Cultor de livros, 2019.

FRANCISCO, Papa. *Evangelii Gaudium*.

HÄRING, Bernhard. *Livres e fiéis em Cristo:* teologia moral para sacerdotes e leigos. São Paulo: Paulinas, 1979.

HÄRING, Bernard. *Shalom Paz:* o sacramento da reconciliação. São Paulo: Paulinas, 1970, p. 25.

LEITGÖB, Martin. *Afonso de Ligório:* mestre da oração e da misericórdia. Aparecida: Santuário, 2014.

LIGUORI, Alphonsus. *Guide for confessors.* New York: Lulu, 1978.

LIGORIO, Santo Afonso. *A oração:* o grande meio para alcançarmos de Deus a salvação e todas as graças que desejamos. 25ª edição. Aparecida: Santuário, 2013.

________ A prática do amor a Jesus Cristo. 25ª edição. Aparecida: Santuário, 2015.

________ *Uma estrada de salvação.* 7ª edição. Aparecida: Santuário, 2022.

______ apud REY-MERMET, Théodule. *A moral de Santo Afonso*. Aparecida: Santuário, 1991, p. 79.

MANDERS, Henrique CSsR. *O amor na espiritualidade de Santo Afonso*. Aparecida: Santuário, 1990.

MAJORANDO, Sabatino. "La teologia morale e il ministero sacerdotale nella visione alfonsiana", *Studia moralia* 34/2 (1996).

MONDONI, Danilo. *História e teologia da espiritualidade*. São Paulo: Loyola, 2014.

OPPITZ, Joseph William. *História e espiritualidade afonsiana*. Aparecida: Santuário Aparecida, 1978.

PAULO VI, Papa. *Gaudium et spes*, n. 17.

REY-MERMET, Théodule. *A moral de Santo Afonso*. Aparecida: Santuário, 1991.

VIDAL, Marciano. *Afonso de Ligório:* o triunfo da benignidade frente ao rigorismo, Vol. 3, A moral afonsiana. Aparecida: Santuário, 2022, p. 426-427.

CONFISSÕES

Sacramento da Misericórdia e do Perdão

"Haverá no céu mais alegria por um só pecador que se converte, do que por noventa e nove justos que não precisam de conversão" (Lc 15,7).

Disse Jesus: "Prefiro a misericórdia ao sacrifício" (Mt 9,13).

"A misericórdia de Deus é muito maior que nossos pecados" (St. Afonso, in *Praxis confessarii*).

A Palavra de Deus

"Pois Deus amou tanto o mundo que entregou seu Filho único para que todo o que nele crê não pereça, mas tenha a vida eterna. Pois Deus não enviou seu Filho ao mundo para julgar o mundo, mas para que o mundo seja salvo por ele" (Jo 3,16-17).

"Pois bem, a prova de que Deus nos ama é que Cristo morreu por nós, quando éramos ainda pecadores. Muito agora, que já estamos justificados pelo sangue de Cristo, seremos salvos por ele" (Rm 5,8-9).

Exame de consciência

Jesus ressaltou dois Mandamentos: "Amarás o Senhor teu Deus, de todo o teu coração, de toda a tua alma, com toda a tua força e de todo o teu entendimento; e o teu próximo como a ti mesmo" (Lc 10,26-27). Por isso, ao fazer o seu Exame de Consciência, tenha em teu coração especialmente esses dois Mandamentos.

Por isso, vamos ressaltar os elementos importantes: 1. Minha relação com Deus. 2. Minha relação comigo mesmo. 3. Minha relação com a Igreja. 4. Minha relação com o próximo.

1. Minha relação com Deus

Deus quer que o amemos de todo o coração e sobre todas as coisas. Amei a Deus? Tenho santificado seu Santo Nome? Tenho feito sua vontade? Agradeço a Deus por tudo o que Ele tem me dado? Coloco Deus sobre todas as coisas? Faço minhas orações diárias? (manhã e noite). Tenho participado da Eucaristia (Missa)? Tenho procurado conhecer mais minha fé?

2. Minha relação com a Igreja

Tenho participado das celebrações nos dias santos? Os dias santos são dias santos, ou trato como simples feriados? Confesso ao menos uma vez ao ano? Participo das missas dominicais? Pequei contra a unidade do Corpo de Cristo (Igreja) criticando o Papa, os bispos, os padres, os religiosos e os irmãos da paróquia/comunidade? Neguei o ensinamento da Igreja? Insultei as pessoas com palavras e ações? Tenho devolvido meu dízimo?

3. Minha relação comigo mesmo

Busco e digo a verdade? Fui preguiçoso e egoísta? Tenho pecado contra a castidade? Respeitei meu corpo? Vejo materiais pornográficos? Uso a internet de forma correta? Cuido de minha saúde? Tenho evitado ocasiões de pecado: ambientes, programas, amizades, redes sociais...? Como tenho me portado diante da bebida alcoólica? Usei drogas? Roubei alguma coisa?

5. Minha relação como o próximo

Deus quer que amemos e respeitemos os outros. Devo reconciliar-me com alguém que ainda não fiz: com nossos pais, professores, amigos, pessoas da comunidade/paróquia, vizinhos, colegas de trabalho...? Respeito minha esposa, meu esposo e meus filhos? Busco praticar a caridade? Ajudo os necessitados ou as obras sociais da Igreja? Tenho promovido a paz, a justiça social e o respeito à natureza (ecologia)? Sou omisso ou injusto com as pessoas? Ajudo para que o bem comum seja respeitado? Sou racista ou preconceituoso contra pessoas e grupos? Tenho ajudado a promover o ódio e a vingança contra pessoas e grupos? Tenho amado meus familiares? Tenho amado os mais pobres?

Lembre-se: Cristo condena o pecado e não o pecador, mas não se esqueça de sua recomendação: "Vai, e de agora em diante não peque mais" (Jo 8,11).

Santuário N. Sra. do Perpétuo Socorro
Arquidiocese de Curitiba
Missionários Redentoristas

Esta obra oferece uma belíssima teologia do sacramento da Confissão de Santo Afonso Maria de Ligório, enfatizando os aspectos da misericórdia, da conversão e da paz. A misericórdia manifestada em Cristo Jesus leva à alegria de ser perdoado e perseverar na vida da graça divina.

A leitura deste livro levará o leitor a apreciar a riqueza do ensino do padroeiro dos confessores, Santo Afonso, e confiar na Redenção em Cristo Jesus.

* * *

Pe. Joaquim Parron é Missionário Redentorista, doutor em ética teológica, pela Catholic University of America, DC, USA; mestre em pedagogia universitária, pela PUCPR; professor de teologia moral, na Faculdade Claretiana de Teologia, em Curitiba, PR; e confessor no Santuário Nossa Senhora do Perpétuo Socorro, em Curitiba.

EDITORA SANTUÁRIO

www.editorasantuario.com.br

ISBN 978-65-5527-427-1

9 786555 274271

Novena de Nossa Senhora do Desterro

EDITORA SANTUÁRIO

Esta obra oferece uma belíssima teologia do sacramento da Confissão de Santo Afonso Maria de Ligório, enfatizando os aspectos da misericórdia, da conversão e da paz. A misericórdia manifestada em Cristo Jesus leva à alegria de ser perdoado e perseverar na vida da graça divina.

A leitura deste livro levará o leitor a apreciar a riqueza do ensino do padroeiro dos confessores, Santo Afonso, e confiar na Redenção em Cristo Jesus.

* * *

Pe. Joaquim Parron é Missionário Redentorista, doutor em ética teológica, pela Catholic University of America, DC, USA; mestre em pedagogia universitária, pela PUCPR; professor de teologia moral, na Faculdade Claretiana de Teologia, em Curitiba, PR; e confessor no Santuário Nossa Senhora do Perpétuo Socorro, em Curitiba.

EDITORA SANTUÁRIO
www.editorasantuario.com.br

ISBN 978-65-5527-427-1
9 786555 274271

Esta obra oferece uma belíssima teologia do sacramento da Confissão de Santo Afonso Maria de Ligório, enfatizando os aspectos da misericórdia, da conversão e da paz. A misericórdia manifestada em Cristo Jesus leva à alegria de ser perdoado e perseverar na vida da graça divina.

A leitura deste livro levará o leitor a apreciar a riqueza do ensino do padroeiro dos confessores, Santo Afonso, e confiar na Redenção em Cristo Jesus.

* * *

Pe. Joaquim Parron é Missionário Redentorista, doutor em ética teológica, pela Catholic University of America, DC, USA; mestre em pedagogia universitária, pela PUCPR; professor de teologia moral, na Faculdade Claretiana de Teologia, em Curitiba, PR; e confessor no Santuário Nossa Senhora do Perpétuo Socorro, em Curitiba.

EDITORA SANTUÁRIO
www.editorasantuario.com.br

ISBN 978-65-5527-427-1
9 786555 274271